Contrôle de l'énergie dans les réseaux mobiles ad-hoc

Abdellah Idrissi

Contrôle de l'énergie dans les réseaux mobiles ad-hoc

Un outil pour minimiser la consommation d'énergie

Éditions universitaires européennes

Mentions légales / Imprint (applicable pour l'Allemagne seulement / only for Germany)
Information bibliographique publiée par la Deutsche Nationalbibliothek: La Deutsche Nationalbibliothek inscrit cette publication à la Deutsche Nationalbibliografie; des données bibliographiques détaillées sont disponibles sur internet à l'adresse http://dnb.d-nb.de.
Toutes marques et noms de produits mentionnés dans ce livre demeurent sous la protection des marques, des marques déposées et des brevets, et sont des marques ou des marques déposées de leurs détenteurs respectifs. L'utilisation des marques, noms de produits, noms communs, noms commerciaux, descriptions de produits, etc, même sans qu'ils soient mentionnés de façon particulière dans ce livre ne signifie en aucune façon que ces noms peuvent être utilisés sans restriction à l'égard de la législation pour la protection des marques et des marques déposées et pourraient donc être utilisés par quiconque.

Photo de la couverture: www.ingimage.com

Editeur: Éditions universitaires européennes est une marque déposée de
Südwestdeutscher Verlag für Hochschulschriften GmbH & Co. KG
Heinrich-Böcking-Str. 6-8, 66121 Sarrebruck, Allemagne
Téléphone +49 681 37 20 271-1, Fax +49 681 37 20 271-0
Email: info@editions-ue.com

Produit en Allemagne:
Schaltungsdienst Lange o.H.G., Berlin
Books on Demand GmbH, Norderstedt
Reha GmbH, Saarbrücken
Amazon Distribution GmbH, Leipzig
ISBN: 978-3-8381-8027-4

Imprint (only for USA, GB)
Bibliographic information published by the Deutsche Nationalbibliothek: The Deutsche Nationalbibliothek lists this publication in the Deutsche Nationalbibliografie; detailed bibliographic data are available in the Internet at http://dnb.d-nb.de.
Any brand names and product names mentioned in this book are subject to trademark, brand or patent protection and are trademarks or registered trademarks of their respective holders. The use of brand names, product names, common names, trade names, product descriptions etc. even without a particular marking in this works is in no way to be construed to mean that such names may be regarded as unrestricted in respect of trademark and brand protection legislation and could thus be used by anyone.

Cover image: www.ingimage.com

Publisher: Éditions universitaires européennes is an imprint of the publishing house
Südwestdeutscher Verlag für Hochschulschriften GmbH & Co. KG
Heinrich-Böcking-Str. 6-8, 66121 Saarbrücken, Germany
Phone +49 681 3720-310, Fax +49 681 3720-3109
Email: info@editions-ue.com

Printed in the U.S.A.
Printed in the U.K. by (see last page)
ISBN: 978-3-8381-8027-4

Contrôle de puissance des batteries dans les réseaux mobiles ad-hoc

A. Idrissi

Table des matières

Chapitre 1

Préliminaires

Les réseaux mobiles ad-hoc ont fait l'objet de plusieurs études notamment dans [1–3, 5–7, 11, 12, 14, 15, 17, 19, 25]. En effet, le terme "ad-hoc" signifie en latin : "qui va vers ce vers quoi il doit aller" c'est à dire "formé dans un but bien défini" [9]. A titre d'exemple : Une structure ad-hoc est formée pour régler un problème précis. Les réseaux ad-hoc sont des réseaux sans fil capables de s'organiser sans infrastructure prédéfinie. Ils ont été initialement conçus pour faciliter les communications dans le domaine militaire. Par la suite, les réseaux ad-hoc sans fils ont été proposés comme une nouvelle technique pour permettre des télécommunications dans des régions géographiques où les services des réseaux filaires sont difficiles à déployer. Ils sont connus, généralement, sous le nom de MANET (pour Mobile Ad-hoc NETworks). Un MANET est considéré comme un système autonome et dynamique composé de dispositifs (ou noeuds) mobiles reliés entre eux par des interfaces sans fil, sans l'aide d'une infrastructure préexistante ou d'une administration centralisée. Un dispositif mobile peut communiquer directement avec un autre dispositif s'il est dans sa portée (rayon ou région) de transmission. Au delà de cette région, les dispositifs intermédiaires permettent le relais et délivrent les messages saut par saut. Le chemin entre un dispositif source et un dispositif destination peut impliquer plusieurs sauts sans fil.

Nous avons projeté ces problèmes des réseaux mobiles ad-hoc sur les réseaux de contraintes. Ces derniers traitent plus particulièrement les problèmes combinatoires, c'est à dire les problèmes où plusieurs combinaisons doivent être testées. Une des caractéristiques importantes de ces réseaux de contraintes est l'aspect déclaratif. Il s'agit de décrire le problème, mais il n'est pas nécessaire de décrire comment le résoudre. Il existe dans la littérature toute une panoplie d'algorithmes résolvant ces types de problèmes. Plusieurs questions peuvent être posées, on peut citer, entre autres, existe t-il une solution, trouver une solution, combien de solutions, trouver toutes les solutions, tester la complétabilité d'une solution partielle, etc. Et s'il n'existe pas de solution exacte, quelle est la meilleure solution, etc.

C'est pour répondre à ces questions qu'il a été conçu le formalisme des problèmes de satisfaction de contraintes (CSP pour Constraint Satisfaction Problem) [13, 18] ainsi que ses variantes notamment les CSP Distribués (notés DisCSP pour Distributed CSP) [26,27] et les CSP Valués (notés VCSP pour Valued CSP) [22,23]. Les problèmes de satisfaction de contraintes permettent de représenter et de résoudre d'une manière simple un grand nombre de problèmes réels tels que la planification, la conception, l'attribution de ressources, l'emploi du temps, l'ordonnancement de tâches ou plus généralement les problèmes d'aide à la décision.

Nous avons proposé un modèle basé sur les CSP pour ces réseaux mobiles ad-hoc appelé CSPADhoc. Ensuite, nous avons proposé une méthode d'optimisation du problème noté COMANET (pour Constraint Optimization model for Mobile Ad-hoc NETwork problem). À cet effet et dans le but de consommer le moins possible d'énergie lors de la transmission de données d'un dispositif à un autre, nous avons adapté à ce problème l'algorithme A*, introduit dans [21], qui permet de trouver le chemin le plus court, du point de vue énergie, entre ces deux dispositifs.

Ce rapport comporte 5 chapitres. Dans le chapitre 2 nous décrivons les réseaux

mobiles ad-hoc (appelé généralement MANET pour Mobile Ad-hoc Network) et exposons certaines de leur applications, caractéristiques et contraintes. Dans le chapitre
3 le lecteur découvrira une présentation générale des problèmes de satisfaction de
contraintes (CSP pour constraint satisfaction problem) et deux de ses variantes : CSP
Distribués et CSP Valués. Dans le chapitre 4, nous formalisons les réseaux mobiles
ad-hoc sous forme d'un réseau de contraintes et ensuite montrons comment économi-
ser de l'énergie au sein de ces réseaux mobiles ad-hoc. Enfin, nous concluons dans le
chapitre 5.

Chapitre 2

Technique des réseaux de contraintes

2.1 Introduction

La technique des réseaux de contraintes est un style de programmation conçu il y a quasiment une quarantaine d'années. Elle est déclarative, c'est à dire qu'il suffit d'énoncer le problème et il n'est pas nécessaire d'énoncer comment le résoudre. Ce style de programmation s'applique dans l'industrie à la résolution de problèmes combinatoires et de problèmes d'optimisation combinatoire de grande importance socio-économique. Il traite différents types de problèmes notamment les problèmes de satisfaction, d'optimisation, les problèmes nécessitant une solution, toutes les solutions, la meilleure solution, etc. Parmi les domaines d'application on trouve la planification, la conception, le raisonnement temporel, l'ordonnancement de tâches, la recherche des meilleurs emplois du temps de personnels, des meilleurs ordres d'exécution des tâches à réaliser dans un chantier, des meilleures allocations de ressources, des meilleures découpes, empaquetages, etc.

Une contrainte est une relation logique (une propriété ou une condition qui doit être vérifiée) entre différentes variables. Elle permet de restreindre les valeurs que peuvent prendre simultanément les variables. Par exemple, la contrainte "$x + y = 7$" restreint

9

les valeurs que l'on peut affecter simultanément aux variables x et y.

L'arité d'une contrainte est le nombre de variables que met cette contrainte en relation dans le problème considéré. On dit que la contrainte est :
- unaire si son arité est égale à 1. Elle ne porte que sur une seule variable. Par exemple "x*x = 4".
- binaire si son arité est égale à 2. Elle associe 2 variables. Par exemple "x $\neq$ y".
- ternaire si son arité est égale à 3. Elle met en relation 3 variables. Par exemple "x + y = z".
- ...
- n-aire si son arité est égale à n. Elle met en relation n variables.

  Notons que si n est effectivement le nombre de variables, on dira également dans ce cas que la contrainte est globale. Un exemple d'une contrainte globale est la contrainte "allDiff(E)", où E est un ensemble de variables, qui contraint toutes les variables appartenant à E à prendre des valeurs différentes.

Rappelons par exemple qu'une contrainte binaire (qui peut être notée C_{ij}) est un sous-ensemble du produit cartésien $domaine[i] \times domaine[j]$ qui stipule les couples de valeurs permis pour les variables i et j. Avec domaine[i] (resp. domaine[j]) est le domaine de valeurs de la variable i (resp. j). Une contrainte entre deux variables i et j peut s'écrire $((i,a),(j,b)) \in C_{ij}$ pour spécifier que la contrainte permet qu'il y ait à la fois la valeur "a" pour la variable "i" et la valeur "b" pour la variable "j".

2.2 Réseau de contraintes

La donnée d'un réseau de contraintes [18] est définie à partir d'un ensemble de variables, chacune associée à un domaine fini de valeurs discrètes, et d'un ensemble de contraintes qui mettent en relation ces variables et définissent l'ensemble des combinaisons de valeurs qui satisfont la contrainte. Autrement dit, Un réseau de contraintes est un ensemble de contraintes portant sur des variables ayant chacune un domaine fini

10

et discret. Chaque contrainte est un sous-ensemble du produit cartésien des domaines des variables sur lesquels elle porte. Une solution est une instanciation des variables qui satisfait toutes les contraintes.

Plusieurs questions peuvent être posées. On peut citer, entre autres, existe t-il une solution, trouver une solution, trouver toutes les solutions, combien de solutions, etc. C'est pour répondre à ces questions qu'à vu le jour le formalisme des problèmes de satisfaction de contraintes (CSP pour Constraint Satisfaction Problem). Les CSP permettent de représenter et de résoudre d'une manière simple un grand nombre de problèmes réels notamment les problèmes de la planification, la conception, l'attribution de ressources, l'emploi du temps, l'ordonnancement de tâches ou plus généralement les problèmes d'aide à la décision.

Dans la section suivante, nous allons rappeler quelques notions sur les Problèmes de Satisfaction de Contraintes (CSP) et présenter deux variantes de ces CSP.

2.3 Problèmes de satisfaction de contraintes

Définition.

Un Problème de Satisfaction de Contraintes (CSP pour Constraints Satisfaction Problem) [18] $P = (X, D, C)$ est défini par :

- Un ensemble de n variables $X = \{X_1, X_2, ..., X_n\}$. Chaque variable $X_i \in X$ a un domaine de valeurs $D_i \in D$ et peut recevoir toute valeur $a \in D_i$, notée également (X_i, a).
- Un ensemble de domaines finis et discrets $D = \{D_1, D_2, ..., D_n\}$ où D_i est le domaine associé à la variable X_i.
- Un ensemble de contraintes $C = \{C_1, C_2, ..., C_m\}$. Chaque contrainte $c \in C$ est définie sur un ensemble de variables $X_c \subset X$ par un sous-ensemble du produit cartésien $\prod_{i \in X_c} D_i$ donnant la liste des combinaisons de valeurs autorisées. La cardinalité $|X_c|$ est l'arité de la contrainte c.

11

Exemple.

On peut définir le CSP (X, D, C) suivant :

- $X = \{X_1, X_2, X_3, X_4\}$;
- $D(X_1) = D(X_2) = D(X_3) = D(X_4) = \{1, 2, 3\}$;
- $C = \{X_1 = X_2, X_3 = X_4, X_1 + X_3 < X_2\}$.

Ce CSP comporte 4 variables X_1, X_2, X_3 et X_4, chacune pouvant prendre 3 valeurs (1 ou 2 ou 3). Ces variables doivent respecter les contraintes suivantes :

- X_1 doit être égale à X_2 ;
- X_3 doit être égale à X_4 et
- la somme de X_1 et X_3 doit être inférieure à X_2.

Comme mentionné auparavant, divers problèmes peuvent donc être modélisé sous forme d'un CSP. Or, bon nombre de ces problèmes sont de nature distribuée. Leur représentation sous forme d'un CSP peut s'avérer parfois impossible parfois très coûteuse en temps et/ou en espace. Pour remédier à ce problème, les chercheurs ont développé le formalisme dit de problèmes de satisfaction de contraintes distribués (DisCSP pour Distributed Constraint Satisfaction Problem) [8, 26, 27].

Un Problème de Satisfaction de Contraintes Distribué (DisCSP) [26,27] est un CSP où les variables et/ou contraintes sont distribuées sur des processus appelés agents. Formellement, un DisCSP se définie par le quadruplet (X, D, C, A) où X, D et C représentent les mêmes ensembles que pour un CSP classique (défini dans le chapitre précédent) et $A = \{A_1, ..., A_p\}$ est un ensemble de p agents [8]. Comme dans le cas classique, une solution d'un DisCSP est une affectation de valeurs à chacune des variables satisfaisant toutes les contraintes du problème. Les DisCSPs sont résolus en se basant sur une coordination d'actions entre les p agents. Chacun possédant un processus de satisfaction de contraintes. Les agents communiquent entre eux par envoi de messages. De nombreuses applications entrent dans ce domaine : allocation de ressources distribuée, ordonnancement distribué, recherche d'informations distribuées, etc.

Aussi, il existe des problèmes réels n'admettant pas que des contraintes de validité (qui sont à satisfaire absolument), mais aussi des contraintes de préférence (c'est à dire des contraintes qui ne sont pas à satisfaire à tout prix). Le fait de satisfaire toutes ces contraintes de préférence peut rendre les CSP correspondants inconsistants et n'admettant donc pas de solution(s) exacte(s). Pour représenter ces problèmes, une autre version du formalisme CSP a été proposé dans la littérature. Il s'agit du formalisme dit de problèmes de satisfaction de contraintes valués (VCSP pour Valued CSP).

Les VCSP ont été introduits dans [22,23]. Un VCSP est obtenu en associant un objet mathématique appelé valuation à chaque contrainte d'un CSP classique. L'ensemble des valuations (noté E) est supposé complètement ordonné et son élément maximum est associé aux contraintes dures (inviolables). En effet, il existe relativement deux types de contraintes :

– Contraintes dures : ce sont généralement des contraintes qu'il faut obligatoirement satisfaire.

– Contraintes molles : ce sont des contraintes de préférence. C'est à dire qu'il est préférable de les satisfaire mais ce n'est pas obligatoire.

Ce cadre des VCSP se veut particulièrement important pour traiter les problèmes d'optimisation. En effet, dans un problème d'optimisation, on ne cherche pas seulement à satisfaire des contraintes, mais à trouver des solutions qui minimisent (ou maximisent) la valeur d'une fonction objectif.

2.4 Conclusion

Dans ce chapitre, nous avons présenté très brièvement les problèmes de satisfaction de contraintes (CSP) ainsi que deux de ses variantes : les CSP Distribués et les CSP

Valués. Les CSP Distribués permettent de répondre aux problèmes de nature distribuée dont la représentation sous forme d'un CSP s'avère parfois impossible parfois très coûteuse en temps et/ou en espace. Les CSP Valués ont été développés pour faire face aux problèmes n'admettant pas de solutions exactes. C'est à dire les problèmes où il est impossible de satisfaire toutes les contraintes. Dans ce cas, on distingue les contraintes dures qu'il faut absolument satisfaire et les contraintes molles ou de préférence qu'il est seulement souhaitable de satisfaire. Nous nous sommes basés sur ces techniques de contraintes dans nos travaux qui font l'objet des chapitres suivants.

Chapitre 3

Problème des Réseaux Mobiles Ad-hoc

3.1 Introduction

Dans ce chapitre, nous étudierons les réseaux mobiles ad-hoc. Ces derniers ont fait l'objet de plusieurs études notamment dans [1–3, 5–7, 11, 12, 14–17, 19, 25]. En effet, le terme "ad-hoc" signifie en latin : "qui va vers ce vers quoi il doit aller" c'est à dire "formé dans un but bien défini" [9]. A titre d'exemple : Une structure ad-hoc est formée pour régler un problème bien précis.

Les réseaux mobiles ad-hoc sont des réseaux sans fil capables de s'organiser sans infrastructure prédéfinie. Ils ont été initialement conçus pour faciliter les communications dans le domaine militaire. Par la suite, les réseaux ad-hoc sans fils ont été proposés comme une nouvelle technique pour permettre des télécommunications dans des régions géographiques où les services des réseaux filaires sont difficiles à déployer. Ils sont connus, généralement, sous le nom de MANET (pour Mobile Ad-hoc NETworks). Un MANET est considéré comme un système autonome et dynamique composé de dispositifs (ou noeuds) mobiles reliés entre eux par des interfaces sans fil, sans l'aide d'une infrastructure préexistante ou d'une administration centralisée.

Un dispositif mobile peut communiquer directement avec un autre dispositif s'il est dans sa portée (rayon ou région) de transmission (figures 3.1 et 3.2). Au delà de cette région, les dispositifs intermédiaires permettent le relais et délivrent les messages saut par saut. Le chemin entre un dispositif source et un dispositif destination peut impliquer plusieurs sauts sans fil (figure 3.3).

Dans les sections suivantes, nous rappelons quelques définitions des réseaux mobiles ad-hoc, exposons certaines de leurs applications, caractéristiques et contraintes. Notre travail dans ce cadre s'intéresse au problème de réduction au minimum de l'énergie lors de la transmission de messages d'un dispositif source à un dispositif destination. Raison pour laquelle, nous faisons par la suite un bref tour d'horizon des résultats les plus connus dans le domaine de contrôle de puissance pour les réseaux mobiles ad-hoc.

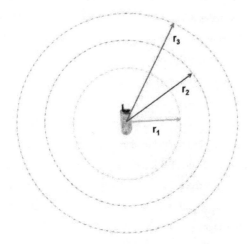

FIGURE 3.1 – Exemple d'un dispositif admettant trois portées de transmission.

16

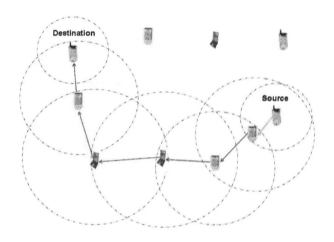

FIGURE 3.2 – Exemple de transmission d'informations d'une source à une destination.

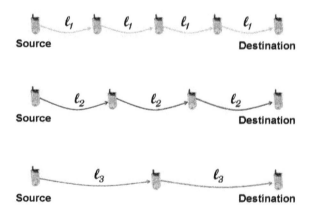

FIGURE 3.3 – Exemple de dispositifs intermédiaires permettant le relais et délivrant les messages saut par saut en utilisant les trois portées de transmission.

3.2 Réseaux mobiles Ad-hoc

Un réseau mobile ad-hoc, connu sous le nom de MANET (pour Mobile Ad-hoc NETwork), consiste en un essaim, relativement dense, d'unités mobiles qui se déplacent dans un territoire quelconque et dont le seul moyen de communication est l'utilisation des bondes sans fil, sans utilisation d'une infrastructure fixe et sans administration centralisée.

Actuellement, l'objectif des chercheurs dans le domaine des communications sans fil est d'accéder à l'information n'importe où et n'importe quand. Dans ce sens, pour les réseaux mobiles ad-hoc, contrairement aux réseaux basés sur la communication cellulaire, aucune administration centralisée n'est requise, ce sont les dispositifs mobiles eux mêmes qui forment, d'une manière ad-hoc, une infrastructure du réseau.

Les dispositifs se déplacent librement et aléatoirement et s'organisent de manière arbitraire. En conséquence, la topologie du réseau peut changer à tout moment, elle est dynamique et imprévisible et la déconnexion des unités peut avoir lieu à tout instant et peut aussi être très fréquente.

Les réseaux ad-hoc s'avèrent donc efficaces pour les applications caractérisées par une absence (ou la non-fiabilité) d'une infrastructure préexistante. Les premières applications des réseaux ad-hoc ont été liées aux communications et aux opérations dans le domaine militaire. Cependant, avec l'avancement de la recherche, le développement des réseaux mobiles ad-hoc a permis à un grand nombre d'applications civiles comme les opérations de secours (incendies, tremblement de terre,...) et les missions d'exploration de voir le jour.

3.2.1 Applications des réseaux mobiles ad-hoc

Les réseaux mobiles ad-hoc sont normalement utilisés dans toute application où le déploiement d'une infrastructure réseau filaire n'est pas vraiment nécessaire ou est simplement très difficile à mettre en place. Cependant, avec l'avancement de la recherche et l'apparition des technologies sans fil, plusieurs applications civiles ont vu le jour. Le lecteur pourra se reporter à [16] par exemple pour plus de détails sur ces applications. Nous pouvons citer, entre autres :

- Les services de secours : recherche et aide des personnes qui ont péris dans un tremblement de terre, incendie, inondation, etc ;
- Le travail et communications de collaboration dans les compagnies ou les bâtiments : dans le cadre d'une réunion ou d'une conférence par exemple ;
- Les applications commerciales : pour un paiement électronique distant ou pour l'accès mobile à l'internet ; ou le service de guide selon la position de l'utilisateur ;
- Les réseaux des sondes : pour les applications environnementales (climat, suivi des mouvements des animaux, etc...) ou applications domestiques (équipement à distance de commandes) ;
- Les réseaux de maille : c'est une technologie émergent qui permet de développer la gamme d'un réseau ou de le rendre plus dense ;
- ...

Par ailleurs, les réseaux mobiles ad-hoc présentent plusieurs contraintes. Le lecteur est aussi invité à se reporter à [16] pour plus de détails sur ces contraintes ainsi que sur le problème de routage qui suivra. Nous exposons certaines de ces contraintes dans la section suivante.

3.2.2   Quelques contraintes des réseaux mobiles ad-hoc

Contraintes liées à l'hétérogénéité des dispositifs : un dispositif mobile peut être équipé d'une ou plusieurs lignes radio ayant différentes capacités (figure 3.1). Cette hétérogénéité (figure 3.4) de la capacité peut produire des bandes asymétriques dans le réseau (figure 3.2). Aussi les dispositifs peuvent avoir des différences au niveau de la capacité de traitement (unité centrale de traitement, mémoire), du logiciel, de la taille (petit, grand) et de la mobilité (lent, rapide). Une adaptation dynamique s'impose pour remédier à de tels problèmes.

FIGURE 3.4 – Exemple d'un réseau ad-hoc hétérogène

Contraintes liées à la mobilité des dispositifs : les dispositifs se déplaçant continuellement créent un changement dynamique de topologie. Les unités mobiles du réseau, se déplacent d'une façon libre et arbitraire. Par conséquent la topologie du réseau peut changer, à des instants imprévisibles, d'une manière rapide et aléatoire. Les liens de la topologie peuvent être unis ou bidirectionnels. En effet, un dispositif peut joindre un réseau, changer de position ou quitter carrément le réseau. Ce déplacement a naturellement un impact sur la morphologie du réseau et peut modifier le comportement de la voie de transmission.

Contraintes liées à la taille des réseaux ad-hoc : la taille des réseaux ad-hoc est souvent petite ou moyenne (une centaine de dispositifs). Cependant, quelques applications

20

des réseaux ad-hoc exigent des dizaines de milliers de dispositifs, comme dans les réseaux des sondes par exemple.

Contraintes liées à l'absence d'infrastructure : Les réseaux ad-hoc se distinguent des autres réseaux mobiles par la propriété d'absence d'infrastructures préexistante et de tout genre d'administration centralisée. Les hôtes mobiles sont responsables d'établir et de maintenir la connectivité du réseau d'une manière continue.

Contraintes liées à la distance entre les dispositifs : La distance entre les dispositifs est l'un des facteurs qui influencent sur la qualité du canal (figure 3.3). Dans les réseaux hétérogènes sans fil (c'est à dire supportant différents équipements de transmission), un minimum de dispositifs intermédiaires entre la source et la destination correspondent à l'existence de bandes plus longues pour couvrir la même distance.

Contraintes liées à une bande passante limitée : Une des caractéristiques primordiales des réseaux basés sur la communication sans fil est l'utilisation d'un médium de communication partagé. Ce partage fait que la bande passante réservée à un dispositif soit modeste.

Contraintes liées à une sécurité physique limitée : Les réseaux mobiles ad-hoc sont plus touchés par le paramètre de sécurité, que les réseaux filaires classiques. Cela se justifie par les contraintes et limitations physiques qui font que le contrôle des données transférées doit être minimisé.

Contraintes liées à l'énergie : L'équipement mobile dispose des batteries limitées voire très limitées dans certains cas, et par conséquent une durée du traitement réduite. Le fait qu'une partie de l'énergie soit déjà consommée par la fonctionnalité de routage limite encore plus les services et les applications supportées par chaque dispositif (figures 3.2 et 3.3).

21

Le lecteur pourra se reporter à [16] par exemple pour plus de détails sur les applications citées précédemment ainsi que sur les contraintes présentées ci-dessus.

Comme indiqué ci-dessus, les dispositifs mobiles sont alimentés par des sources d'énergie autonomes comme les batteries ou les autres sources consommables. Or ces ressources des réseaux mobiles ad-hoc, telles que les puissances des batteries, sont limitées. Cependant, pour un usage optimal, le paramètre énergie doit être pris en considération dans tout contrôle fait par le système. Les utilisateurs doivent donc recourir à des techniques algorithmiques afin de réduire au minimum la consommation de ressources. Nous dresserons dans la section suivante les principaux travaux répondant à cet appel.

3.3 Quelques travaux

Nous présentons une brève revue des résultats les plus intéressants dans le domaine de contrôle de puissance pour les réseaux mobiles ad-hoc (MANET). Plusieurs travaux ont été concentrés sur le développement de nouveaux protocoles pouvant minimiser la puissance consommée. Par exemple, les auteurs dans [11] proposent un nouveau protocole pour le contrôle de puissance, basé sur la disponibilité de l'information à travers des couches réseau plus basses. Une autre approche pour le contrôle de puissance est présentée par Kawadia et Kumar dans [12]. Ils ont proposé deux protocoles, dans lesquels la technique principale utilisée est le regroupement des unités mobiles selon certains critères de ses dispositifs. Toutes ces propositions ont en commun le fait qu'elles essayent de manipuler le problème avec les niveaux relativement bas des protocoles. Le souci principal avec ces techniques est qu'il est difficile d'analyser la solution résultante et aussi difficile de déterminer à quel point est elle bonne en comparaison avec d'autres solutions produites par d'autres approches. La manière la plus adéquate d'évaluer la qualité des solutions est de procéder par la simulation sur un ensemble d'exemples ou d'instances.

Par ailleurs, trois formulations de programmation en nombre entiers mixtes sont présentées dans Das et al. [5] pour le problème d'optimisation lors d'envoi de messages avec un minimum d'énergie d'un dispositif source à tous les autres dispositifs. Le problème s'appelle MPB (pour Minimum Power Broadcast) et est montré NP-dur dans [1]. Ainsi bien que toutes les techniques standards d'IP puissent être employées pour résoudre le problème modélisé par la programmation en nombres entiers, la solution optimale peut être prévue seulement pour des instances de problème de taille relativement petite.

En conséquence, des approches heuristiques doivent être employées pour trouver les solutions sub-optimales pour des problèmes durs de grande taille. Wieselthier et al. [25] ont décrit un algorithme constructif appelé BIP (pour Broadcast Incremental Power). Dans cet algorithme, de nouveaux dispositifs sont ajoutés à l'arbre en utilisant l'heuristique d'accroissement de coût minimum. Dans [14], Marks II et autres ont présenté une approche évolutionnaire en combinant des algorithmes génétiques avec d'autres méthodes pour produire des solutions initiales. Das et autres ont proposé dans [6] une approche basée sur les colonies de fourmis et une heuristique de recherche locale appelé procédure r-shrink [5] pour améliorer des solutions obtenues en utilisant des algorithmes sub-optimaux rapides dans les réseaux sans fil tels que BIP (Broadcast Incremental Power).

Les approches ci-dessus traitent les cas où la communication entre deux dispositifs n'est pas nécessairement symétrique, c'est à dire étant donné deux dispositifs i et j, le dispositif i peut envoyer un message au dispositif j, mais le dispositif j peut n'envoyer aucun message au dispositif i, puisque i et j n'ont pas nécessairement les mêmes niveaux d'énergie. Le cas symétrique est traité par Montemanni et Gambardella [19] qui ont présenté deux formulations de programmation en nombres entiers mixtes pour le problème de minimisation de puissance lors des connectivités symétriques entre dispositifs. L'algorithme heuristique résultant est basé sur le paradigme de recuit simulé.

Un autre problème consiste en la minimisation d'énergie au minimum pour envoyer k messages dans un réseau mobile ad-hoc (MANET), chaque message d'un dispositif source à un dispositif destination. Le problème s'appelle PCADHOC (pour Power Control problem in AD-HOC networks). Oliveira et Pardalos ont proposé dans [2] un modèle pour ce problème. Ils ont combiné un modèle de programmation linéaire en nombres entiers (qui est employé pour trouver les limites inférieures de la quantité de puissance requise) et un algorithme de recherche locale VNS (pour Variable Neighborhood Search) et sa version distribuée pour résoudre le problème.

3.4 Conclusion

Dans ce chapitre nous avons présenté le concept du réseau mobile ad-hoc, décrit ses principales applications, caractéristiques et contraintes. L'objectif des chercheurs dans le domaine des communications sans fil est d'accéder à l'information n'importe où et n'importe quand. Dans ce sens, pour les réseaux mobiles ad-hoc, contrairement aux réseaux basés sur la communication cellulaire, aucune administration centralisée n'est requise, ce sont les dispositifs mobiles eux mêmes qui forment, d'une manière ad-hoc, une infrastructure du réseau. Les ressources des réseaux ad-hoc sans fil, telles que les puissances des batteries, sont limitées. Donc, pour un usage optimal, les utilisateurs doivent recourir à des méthodes algorithmiques afin de réduire au minimum la consommation de ressources. Pour contribuer à ces méthodes algorithmiques, nous proposons dans le chapitre suivant un modèle basé sur des techniques des réseaux de contraintes pour réduire au minimum la quantité de puissance requise par les utilisateurs du réseau.

Chapitre 4

CSPADhoc : Un modèle CSP pour les réseaux mobiles AD-hoc

4.1 Introduction

Dans ce travail nous nous sommes intéressés au problème de réduction au minimum de l'énergie pour envoyer un message d'un dispositif source à un dispositif destination. Nous traitons ce problème comme un cas particulier et de base de MPB [1, 5] (car nous ne considérons qu'un seul dispositif de destination) et de PCADHOC (k=1) [2] mentionnés dans le chapitre précédent. Nous pensons que la solution de ce cas particulier est une première étape pour résoudre et optimiser le cas le plus général.

En effet, la résolution et l'optimisation du MANET permet d'assister les usagers à utiliser efficacement leurs dispositifs tout en minimisant la consommation d'énergie des appareils. Les problèmes d'optimisation apparaissent dans divers domaines de télécommunications. Certains problèmes sont devenus des exemples classiques d'application dans les réseaux de contraintes et la recherche opérationnelle. D'autres opportunités d'applications apparaissent fréquemment dans les télécommunications, vu la nature dynamique du domaine. Les problèmes d'optimisation combinatoire dans ce secteur sont des problèmes de choix de la meilleure combinaison, en terme d'optimisation de consommation d'énergie, parmi toutes celles qui sont possibles.

Nous présentons dans un premier temps un modèle basé sur des techniques des réseaux de contraintes pour ces réseaux mobiles ad-hoc. Ensuite, nous proposons une méthode pour réduire au minimum la quantité de puissance requise par des utilisateurs de réseau à une période de temps spécifique. Le problème résultant s'appelle le problème de satisfaction/optimisation sous contraintes dans les réseaux mobiles ad-hoc (CSPADhoc pour constraint satisfaction/optimization problem in mobile ad-hoc networks). Nous supposons qu'une quantité fixe de données est envoyée d'un dispositif source à un dispositif destination, et essayons de déterminer la quantité de puissance optimale nécessaire à cet effet. Un nouvel algorithme pour ce problème est alors proposé. Pour cela, nous décrivons ci-dessous une formulation de satisfaction/optimisation sous contraintes pour le problème de minimisation d'énergie.

4.2   Formulation du problème

Nous supposons qu'à un instant t donné, un réseau fixe est composé de N dispositifs avec spécification d'un dispositif source susceptible d'envoyer un message à un autre dispositif de destination dans le réseau. N'importe quel dispositif peut être utilisé comme dispositif de relais pour atteindre d'autres dispositifs dans le réseau. Dans le reste de ce chapitre, nous considérons que tous les dispositifs disposent des antennes omnidirectionnelles, de sorte que si le dispositif i transmet au dispositif j, tous les dispositifs plus près de i que j reçoivent également la même transmission. La puissance minimum d'émission qui permet au dispositif i d'envoyer l'information au dispositif j est proportionnelle à $[d(i,j)]^{\alpha}$ [6], où $d(i,j) = [(x_i - x_j)^2 + (y_i - y_j)^2 + (z_i - z_j)^2]^{1/2}$ est la distance euclidienne entre les dispositifs i et j, (x_i, y_i, z_i) sont les coordonnées du dispositif i et α est un exposant qui se trouve habituellement entre 2 et 4, la valeur exacte dépend de la nature du milieu de signal-propagation.

26

En conséquence, la puissance d'émission du dispositif i, nécessaire pour maintenir le lien $i \rightarrow j$, est proportionnelle à $[d(i,j)]^{\alpha}$. Sans perte de généralité, nous plaçons la constante de proportionnalité à 1 et donc : $P_{ij} = [d(i,j)]^{\alpha}$; nous supposons que $\alpha = 2$.

Pour notre méthode, seulement les niveaux de puissance d'émission sont calculés. Nous supposons que les récepteurs consomment des puissances négligeables.

Nous dénotons par $N(i,l)$ l'ensemble des unités sans fil autour de i qui puisse être atteint par l'unité i si elle fonctionne au niveau de puissance l. $N(i,l)$ s'appelle également le voisinage de transmission de i. Cet ensemble fini a $\delta(i,l) = |N(i,l)|$ éléments et augmente en fonction du niveau de puissance du dispositif i. Notre objectif est de trouver le niveau de puissance minimum nécessaire pour envoyer des données d'un dispositif source à un dispositif destination.

Le problème résultant est combinatoire puisque les différentes unités peuvent fonctionner à différents niveaux de puissance. Cependant, à un instant t, chaque unité fonctionne à un niveau de puissance, qui induit un graphe (V, E) où V est l'ensemble de toutes les unités, et E est l'ensemble des arcs déterminés par le niveau de puissance de chaque unité comme suit : l'arc $(i, j) \in E$ si et seulement si le dispositif i fonctionne au niveau l et le dispositif j est dans $N(i,l)$. En d'autres termes, supposons que $e(l)$ est l'énergie consommée par le dispositif i s'il fonctionne au niveau de puissance l, l'arc $(i, j) \in E$ si et seulement si $e(l) \geq [d(i,j)]^{\alpha}$.

4.3 Modélisation du problème

Nous voulons déterminer le niveau de puissance de chaque unité de sorte que ne soit consommée dans le réseau que seulement l'énergie minimum pour envoyer un message d'un dispositif source s à un dispositif de destination d à un instant t donné. Pour ce faire, nous proposons notre modéle de satisfaction/optimisation sous contraintes CSPADhoc = $(\mathscr{X}, \mathscr{D}, \mathscr{C})$ telque :

- $\mathscr{X} = \{v_{il}, x_{ij}\}$ $(i, j = 1, ..., n \, ; \, l = 1, ..., L)$. La variable binaire v_{il} est définie comme $v_{il} = 1$ si et seulement si l'unité i est au l-ème niveau de puissance. La variable x_{ij} est une variable binaire définie comme $x_{ij} = 1$ si et seulement si (i, j) appartient au graphe (V, E) résultant des différentes unités et de leurs niveaux de puissance.

- $\mathscr{D} = \{0, 1\}$ est le domaine de valeurs à partir du quel les variables binaires v_{il}, x_{ij} puisent leurs valeurs.

- $\mathscr{C}$ est l'ensemble des contraintes du problème. Nous pouvons les formuler comme suit :

$$\sum_{l=1}^{L} v_{il} = 1 \tag{4.1}$$

$$\mathscr{X}_{ij} d^{\alpha}(i, j) \leq \sum_{l=1}^{L} v_{il} P_l \tag{4.2}$$

$$P_{ij} = \sum_{S = S_1 S_2 ... S_k} \prod \mathscr{X}_{iS_1} \mathscr{X}_{S_1 S_2} ... \mathscr{X}_{S_k j} \tag{4.3}$$

$$P_{sd} > 0 \tag{4.4}$$

La contrainte (4.1) (inspirée de [2]) assure que pour chaque dispositif seulement et exactement un niveau de puissance est mis en oeuvre à la fois. Les contraintes (4.2)-(4.4) assurent que, pour toute paire source-destination, il y a un chemin faisable menant de i à j, pour $i, j \in \{1, ..., n\}$. Ceci garantit la transmission des données existantes de la source i à la destination j.

Ces contraintes permettent de s'assurer que les flux de données sont faisables tout en respectant les arcs existants. Ce qui signifie que des données peuvent être envoyées

28

à travers un arc si et seulement si cet arc existe vraiment dans le graphe CSPADhoc généré par les niveaux de puissance dont dispose chaque dispositif.

Notre réseau de contraintes (CSP) étant bien identifié, nous pouvons appliquer un des algorithmes de recherche (Branch and Bound, Backtracking, A*, etc.) pour résoudre le problème des réseaux mobiles ad-hoc. Nous avons employé l'algorithme A* [21] et avons appelé notre méthode de recherche "l'algorithme MANET-AStar".

En effet, l'algorithme A* est un algorithme de recherche qui est utilisé pour trouver le chemin le plus court d'un point à l'autre. Nous rappellerons ci-après le principe de cet algorithme.

4.4 L'Algorithme A*

Durant notre étude, nous avons besoin de trouver uniquement le chemin le plus court, en terme de consommation d'énergie, entre deux sommets.

L'algorithme A*, introduit dans [21], présente cet avantage de ne calculer que le chemin entre deux sommets. Il permet de trouver efficacement le chemin optimal de moindre coût dans un graphe orienté dont les arcs n'admettant pas de poids négatifs. Ce qui lui permet de terminer rapidement et donc un gain conséquent en terme de temps.

Désigner un dispositif de destination d ;

Désigner un dispositif source s ;

Insérer s dans la liste L_1 ;
Tant que $(L_1 \neq \emptyset)$ **faire**

    Extraire le dispositif dont f est plus petit de L_1, appelons le nC ;

    Si (nC est le même état que d) **Alors**

        La solution est trouvée ;

        Sortir de la boucle Tant que ;
    Fin Si
    Générer chaque état successeur nS de nC ;

    Pour chaque nS de nC **faire**

        Le coût de nS est le coût de nC plus le coût de passage de nC à nS ;

        Trouver nS dans la liste L_1 ;

        Si (nS est dans L_1 mais celui existant est aussi bon ou meilleur) **Alors**

            Détruire ce successeur et continuer ;

        Fin Si
        Si (nS est dans L_2 mais celui existant est aussi bon ou meilleur) **Alors**

            Détruire ce successeur et continuer ;

        Fin Si
        Supprimer les occurrences de nS de L_1 et de L_2 ;

        Mettre le parent de nS à nC ;

        Placer h pour être la distance estimée à d (utilisant l'heuristique) ;

        Ajouter nS à la liste L_1 ;

    Fin Pour
    Ajouter nC à la liste L_2 ;
Fait

Algorithme 1: Algorithme A*

Dans l'algorithme A* au lieu de placer les noeuds dans la file en fonction de leur poids seulement, ils sont placés en fonction de leur poids plus une estimation de la distance pour atteindre le noeud de destination suivant la formule $f(n) = g(n) + h(n)$. Où f(n) est le score du noeud (c'est lui qui va déterminer sa position dans la file), intuitivement, c'est l'estimation de la meilleure solution qui passe par n. g(n) est le poids du noeud, h(n) est une estimation du coût pour atteindre le noeud de destination.

L'algorithme A* maintient deux listes, la liste L_1 contenant les noeuds qui doivent être examinés et la liste L_2 contenant les noeuds qui ont déjà été examinés. Au départ, la liste L_1 contient seulement le noeud initial et la liste L_2 est vide. L'utilisation des listes L_1 et L_2 permet une meilleure sélection de futurs dispositifs à traiter et donc une meilleure orientation de la recherche. Chaque noeud maintient aussi un pointeur sur son parent, pour que plus tard on puisse récupérer la meilleure solution trouvée, si elle existe. On commence par l'état final (la destination d) et on construit alors un chemin à partir de cet état final.

Nous proposons ici une méthode d'optimisation capable de donner la meilleure utilisation des niveaux de puissance qui consiste à réduire au minimum l'énergie consommée. Cette méthode d'optimisation est noté COMANET (pour Constraint Optimization model for Mobile Ad-hoc NETwork problem).

L'objectif est :

$$min \ \sum_{l=1}^{L} \sum_{i=1}^{n} P_l v_{i_l} \tag{4.5}$$

sujet aux contraintes (4.1)-(4.4).

Notons bien que $P_{sd}^k = \sum_i p(v_i)$ ($k \in \{1, 2, ..., p\}$) est le k^{eme} chemin suivi afin de transmettre l'information de la source $s = v_1$ à la destination $d = v_{n_e}$, v_i avec le $i \in \{1, 2, ..., n_e\}$, sont des dispositifs formant le k-ème chemin calculé et finalement $p(v_i)$ est le niveau de puissance faisant fonctionner v_i.

Nous présentons ci-après notre approche résolvant le problème de minimisation de la puissance consommée quand un dispositif source transmet une information à un

31

dispositif destination. Notre méthode est une adaptation de l'algorithme A* au réseau mobile ad-hoc. Nous avons appelé MANET-AStar ce nouvel algorithme.

4.5 Un algorithme pour la minimisation d'énérgie.

L'algorithme 2 divise les dispositifs en deux ensembles distincts, l'ensemble des dispositifs non traités et l'ensemble des dispositifs qui sont déjà traités. Au début tous les dispositifs sont non traités, et l'algorithme s'arrête une fois que tous les dispositifs sont dans l'ensemble traité. Un dispositif est considéré comme traité, et déplacé de l'ensemble non traité à l'ensemble traité, une fois sa distance la plus courte à la source a été trouvée. Nous supposons que tous les sommets sont connus. L'algorithme de recherche de chemin peut donc être décrit comme suit :

Procédure searchPaths()

> **Pour** chaque dispositif n de l'ensemble des dispositifs à traiter **faire**
>> Ajouter n à l'ensemble des dispositifs déjà traité ;
>> **Pour** chaque successeur s de n **faire**
>>> **Si** (s est non encore traité) **Alors**
>>>> **Si** (distance(s) > distance(n) + coût(n, s)) **Alors**
>>>>> distance(s) = distance(n) + coût(n, s) ;
>>>>> Ajouter s à l'ensemble des dispositifs à traiter ;
>>>>> prédécesseur = n ;
>>>> **Fin Si**
>>> **Fin Si**
>> **Fin Pour**
> **Fin Pour**

Fin

Algorithme 2: Algorithme de recherche de chemin

32

Il est possible maintenant de reconstruire un chemin à partir des prédécesseurs du dispositif de destination pour obtenir le chemin demandé. Par exemple, supposons que le dictionnaire des prédécesseurs (noté Pred) contient : $\text{Pred}(v_2) = v_1$, $\text{Pred}(v_3) = v_7$, $\text{Pred}(v_7) = v_2$ et $\text{Pred}(v_9) = v_3$ le chemin le plus court du dispositif v_1 au dispositif v_9 est donc : $v_1 \rightarrow v_2 \rightarrow v_7 \rightarrow v_3 \rightarrow v_9$.

Nous rappelons qu'il peut exister plusieurs chemins entre deux dispositifs s et d et le chemin k-ème entre ces deux dispositifs (dénoté par P_{sd}^k) est la séquence (s, v_1, v_2, v_3 ..., v_{n-1}, d) des dispositifs distincts tels que $(v_{i-1}, v_i) \in E$ (E est un ensemble d'arcs), pour tout $i \in \{1, 2, ..., n\}$.

4.6 MANET-AStar : Un algorithme pour les réseaux mobiles ad-hoc

Implémentation

Nous générons un réseau ad-hoc aléatoire dans un espace de taille donnée (X, Y, Z) avec $0 \leq x \leq X$, $0 \leq y \leq Y$ et $0 \leq z \leq Z$. Pour permettre seulement une représentation 2D, nous ne prenons pas en considération la troisième coordonnée z (c'est à dire nous posons $z = 0$). Afin de simplifier la recherche des voisins, nous divisons cet espace en des secteurs. La taille d'un secteur est paramétrable. Le réseau ad-hoc sera alors constitué aléatoirement par N dispositifs.

Nous supposons que chaque dispositif a un ou plusieurs niveaux de communication. Chaque niveau ayant une portée spécifique de transmission. Chaque dispositif peut être localisé dans l'espace par ses coordonnées (x, y, z). Afin de simplifier la représentation graphique, nous supposons que chaque dispositif admet au maximum 3 niveaux de communication l_1, l_2 et l_3 avec une énergie $e_i = En(l_i)$ consommée par le niveau l_i selon la règle $e_i > e_j$ avec $i > j$ (c.-à-d. $e_3 > e_2 > e_1$). Cette génération produit des réseaux non seulement aléatoires mais aussi hétérogènes.

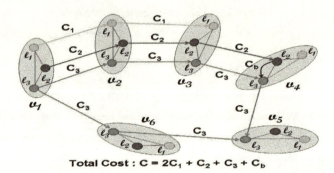

Total Cost : $C = 2C_1 + C_2 + C_3 + C_b$

FIGURE 4.1 – Exemple d'un réseau mobile ad-hoc constitué par 6 dispositifs.

La figure 4.1 montre un exemple d'un réseau mobile ad-hoc constitué par 6 dispositifs v_1, v_2, v_3, v_4, v_5 et v_6 où chaque dispositif contient 3 niveaux d'énergie l_1, l_2 et l_3. Dans cet exemple, les chemins menant du dispositif source v_1 qui transmet de l'information au dispositif destinataire v_5 est marqué par des flèches. Le coût total minimum calculé ainsi que son chemin correspondant sont aussi montré.

Le réseau mobile ad-hoc est représenté sous forme d'un réseau de contraintes noté CSPADhoc avec chaque variable (dispositif) u étant un sous-graphe complet constitué par les valeurs (ou points de raccordement) qui sont à vrai dire des niveaux de puissance (figure 4.1). Chaque valeur (point) représente un niveau de communication. À chaque valeur (point) p est associé un coût C qui définit l'énergie nécessaire pour faire fonctionner le niveau de communication correspondant.

Puisqu'un dispositif est représenté par un sous-graphe complet, il est possible de changer de niveau d'énergie lors d'un possible routage par un dispositif intermédiaire (par exemple de l_2 à l_3 dans le dispositif v_4 de la figure 4.1). Il est également possible d'associer un coût C_b à ce basculement de niveau (par exemple $C_b = 1$).

Algorithme MANET-AStar

Nous générons N dispositifs distribués dans l'espace courant d'une manière aléatoire. Chaque dispositif supporte au moins un niveau de communication qui est celui de portée plus faible de transmission. Nous définissons trois taux de probabilité pour déterminer si un dispositif peut supporter d'autres niveaux de communication.

Posons $pr(l_i)$ la probabilité pour que le niveau l_i soit supporté. La configuration utilisée se présente comme suit :

$$pr(l_1) = 1 \tag{4.6}$$

$$pr(l_2) = pr(l_1) * 3/4 \tag{4.7}$$

$$pr(l_3) = pr(l_2) * 1/2 \tag{4.8}$$

Le coût d'un niveau est calculé en utilisant les deux fonctions suivantes :

$$d(l_i) = l_i * (l_i + 1) \tag{4.9}$$

$$C(d) = d^2 \tag{4.10}$$

où $d(l_i)$ est la distance (en secteurs) couverte par le niveau l_i et $C(d)$ est le coût en énergie pour couvrir la distance d (voir [5]).

Ainsi, pour chaque niveau l_i :

$$Cout(l_i) = C(d(l_i)) \tag{4.11}$$

Après qu'un dispositif ait été créé, on l'ajoute au secteur correspondant dans l'espace. Un dispositif u peut être relié à un autre dispositif v si une communication est possible.

Le chemin qu'on veut trouver est le chemin d'un dispositif s vers le dispositif d qui consomme le moins possible d'énergie. Le coût total C d'un tel chemin sera donc :

$$C = min \left[Cout(l_{i_s}) + \sum_r (Cout(l_{j_r})) + n_b * C_b \right] \qquad (4.12)$$

où r représente les dispositifs intermédiaires (c'est à dire routeurs) ; l_i et l_j sont les niveaux de puissance opérationnels ; n_b est le nombre de basculements et $n_b * C_b$ est le coût total lié aux basculements des niveaux d'énergie nécessaires (voir un exemple dans la figure 4.1).

L'algorithme MANET-AStar (c'est à dire l'algorithme 3) est enfin exécuté pour déterminer le chemin consommant le minimum d'énergie.

Procédure MANET-Astar(s, d, m, R)

    Générer un espace ainsi que ses secteurs ;

    Créer les dispositifs constituant ainsi le réseau ad-hoc ;

    Pour chaque dispositif u **faire**

        Pour chaque niveau de communication l supporté **faire**

            Créer les connections avec les voisins de u avec qui une communication est possible, dépendant du niveau l ;

        Fin Pour

    Fin Pour

    Générer le réseau ad-hoc appelé ici CSPADhoc ;

    Spécifier une source s et une destination d ;

    Appliquer l'algorithme 2 pour trouver le chemin menant de s à d qui consomme le minimum d'énergie pour tous les dispositifs impliqués ;

Fin

Algorithme 3: Algorithme MANET-AStar

A notre connaissance, notre algorithme est le premier algorithme polynômial combinant l'intelligence artificielle et les réseaux mobiles ad-hoc qui permet d'envoyer un message d'un dispositif à un autre dans un réseau mobile ad-hoc tout en utilisant l'énergie minimum.

Dans l'exemple de la figure 4.1, selon l'algorithme MANET-AStar, le coût total minimum pour transmettre l'information du dispositif source v_1 au dispositif destinataire v_5 est (comme représenté sur la figure) $C = 2*C_1 + C_2 + C_3 + C_b = 2*2^2 + 6^2 + 12^2 + 1 = 189$ correspondant au chemin constitué par la flèche de couleur verte entre v_1 et v_2, aussi la flèche de couleur verte entre v_2 et v_3, la flèche de couleur bleue entre v_3 et v_4 et finalement la flèche de couleur rouge entre v_4 et v_5.

Résultats expérimentaux

Les figures 4.2, 4.3 et 4.4 présentent chacune un panneau permettant de dessiner l'espace, ses secteurs et le réseau ad-hoc que cet espace contient. Dans ces figures le nombre de secteurs est 35^2, la taille d'un secteur est de 20^2 pixels et le nombre total de dispositifs générés est seulement 150 afin de permettre une bonne vision au lecteur. Chaque dispositif est indiqué par un trait avec un, deux ou trois connecteurs représentant les niveaux de communication qui sont supportés.

Les connections possibles sont tracées par des flèches de couleur vertes, bleues ou rouges selon la portée de la transmission concernant le niveau. Le vert signifie la puissance de niveau bas, le bleu signifie la puissance de niveau moyen et le rouge signifie la puissance de niveau élevé. Si un chemin est requis du dispositif s au dispositif d, celui-ci sera mentionné en gras. Notons que le dispositif numéro 4 n'est pas relié au reste du réseau du fait que sa batterie n'admet pas assez de puissance.

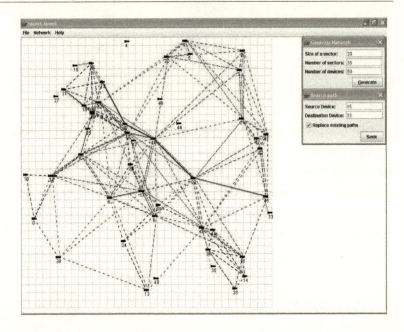

FIGURE 4.2 – Calcul de la puissance minimum nécessaire pour transmettre de l'information du dispositif source 15[152 ;72 ;0] au dispositif destinataire 33[695 ;455 ;0].

Dans la figure 4.2, nous avons supposé par exemple que le dispositif source s est le dispositif 15[152 ;72 ;0] (où 152, 72 et 0 sont respectivement les coordonnées x, y et z du dispositif 15) et le dispositif d de destination est 33[695 ;455 ;0]. Le chemin consommant l'énergie minimum pour envoyer des données du dispositif source 15[152 ;72 ;0] au dispositif de destination 33[695 ;455 ;0] est comme suit :

$15[152; 72; 0] : low(4) \rightarrow 28[198; 66; 0] : low(4) \rightarrow 12[228; 115; 0] : low(4) \rightarrow$
$0[228; 115; 3] : mid(36) \rightarrow 37[291; 224; 0] : mid(36) \rightarrow 16[370; 262; 0] : mid(36) \rightarrow$
$23[481; 365; 0] : mid(36) \rightarrow 23[481; 365; 0] : high(144) \rightarrow 45[683; 413; O] : high(144)$
$\rightarrow 45[683; 413; 0] : low(4) \rightarrow 33[695; 455; 0].$

38

La figure 4.2 montre aussi un exemple d'un espace, ses secteurs et le réseau mobile ad-hoc que contient cet espace. Le cheminement qui consomme le minimum d'énergie dans ce réseau est représenté par le chemin affiché en gras avec la couleur correspondante au niveau opérationnel d'énergie. Le coût total est de 267 en unité d'énergie.

Notons qu'entre les dispositifs $15[152;72;0]$: $low(4)$, $28[198;66;0]$:$low(4)$ et $12[228;115;0]$:$low(4)$, d'une part et entre les dispositifs $45[683;413;0]$:$low(4)$ et $33[695;455;0]$ d'autre part, la couleur utilisée est verte. De même la couleur utilisée entre les dispositifs $12[228;115;0]$:$mid(36)$, $37[291;224;0]$:$mid(36)$, $16[370;262;0]$: $mid(36)$ et $23[481;365;0]$:$mid(36)$ est bleue et finalement la couleur utilisée entre les dispositifs $23[481;365;0]$:$high(144)$ et $45[683;413;0]$:$high(144)$ est rouge. Cela signifie qu'alternativement nous avons utilisé, selon les cas, la puissance de niveau bas (la couleur verte correspondant à la puissance de coût 4), la puissance de niveau moyen (la couleur bleue correspondant à la puissance de coût 36) ou la puissance de niveau élevé (la couleur rouge correspondant à la puissance de coût 144) afin de consommer au total le moins possible d'énergie pour envoyer l'information de s à d.

Dans le chemin mentionné ci-dessus les dispositifs $23[481;365;0]$:$high(36)$ et $45[683;413;0]$:$high(144)$ sont répétés deux fois, cela signifie qu'il y a un basculement de niveau au sein de ses dispositifs. Nous ne comptons pas, dans ce cas, le coût de la première occurrence du dispositif répété mais nous ajoutons seulement un coût C_b de basculement ($C_b = 1$ par exemple) au coût total du chemin.

Dans la figure 4.3, il y a seulement les couleurs vertes et bleues dans le chemin demandé pour envoyer des données du dispositif source $13[350;655;0]$ au dispositif de destination $35[537;593;0]$. Cela signifie qu'il n'est utile d'utiliser la puissance de niveau élevé qui est représentée par la couleur rouge. Le chemin est :

$13[350;655;0]$:$mid(36)$ $\rightarrow$ $24[286;528;0]$:$mid(36)$ $\rightarrow$ $39[383;434;0]$:$mid(36)$ $\rightarrow$

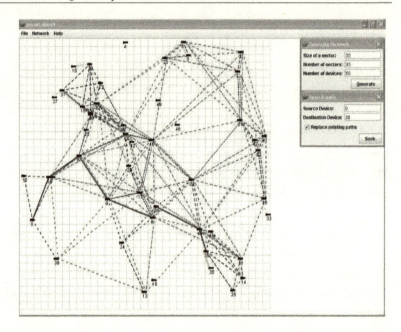

FIGURE 4.3 – Calcul de la puissance minimum nécessaire pour transmettre de l'information du dispositif source $13[350;655;0]$ au dispositif de destination $35[537;593;0]$.

$48[504;493;0]$:*mid*(36) → $36[523;550;0]$:*mid*(36) → $36[523;550;0]$:*low*(4) → $35[537;593;0]$. Coût total : 149 (figure 4.3).

Dans la figure 4.4, il y a seulement la couleur bleue dans le chemin demandé lors de l'envoi des données du dispositif source $13[350;655;0]$ au dispositif de destination $14[625;619;0]$. Cela signifie qu'il n'a pas besoin d'employer la puissance de niveau élevé qui est représentée par la couleur rouge et cela signifie aussi que la puissance de niveau bas (couleur verte) ne suffit pas pour envoyer l'information du dispositif $13[350;655;0]$ au dispositif $14[625;619;0]$. Le chemin est :

$13[350;655;0]$:*mid*(36) → $24[286;528;0]$:*mid*(36) → $39[383;434;0]$:*mid*(36) →

$48[504; 493; 0] :mid(36) \rightarrow 14[625; 619; 0]$. Coût total : 144 (figure 4.4).

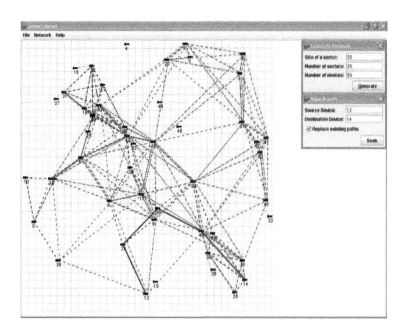

FIGURE 4.4 – Calcul de la puissance minimum nécessaire pour transmettre de l'information du dispositif source $13[350; 655; 0]$ au dispositif de destination $35[537; 593; 0]$.

Dans nos expérimentations, nous avons généré différents réseaux avec 100, 1000, 2000, 3000 et 4000 dispositifs. La génération de l'espace, des secteurs et des réseaux avec 100, 1000, 2000, 3000 et 4000 dispositifs ajoutée à l'opération de la recherche du chemin demandé est généralement trouvée en quelques secondes. Cependant, si nous ne comptons pas le temps requis pour produire de l'espace, des secteurs et des réseaux, dans ce cas le temps nécessaire pour chercher seulement le chemin consommant la puissance minimum d'énergie entre un dispositif source et un dispositif de destination n'excède généralement pas quelque ms quelque soit la taille du réseau.

41

4.7   Conclusion

Dans ce chapitre, nous avons présenté une modélisation du problème du réseau mobile ad-hoc sous forme d'un problème de satisfaction de contrainte (CSP) appelé CSPADhoc. Ensuite, nous avons proposé une méthode d'optimisation sous contraintes pour réduire au minimum la consommation de puissance des batteries lors de la transmission des informations d'un dispositif source vers un dispositif de destination. La méthode présentée est basée sur l'adaptation de l'algorithme A*. L'algorithme résultant s'appelle MANET-AStar. Nous avons présenté différentes expérimentations illustrant notre approche. Les résultats expérimentaux prouvent que notre approche donne des résultats très prometteurs.

Chapitre 5

Conlusion

Dans ce rapport, nous avons étudié les techniques des réseaux de contraintes. Ces réseaux de contraintes traitent plus particulièrement les problèmes combinatoires, c'est à dire les problèmes où plusieurs combinaisons doivent être testées. Une des caractéristiques importantes de ces réseaux de contraintes est l'aspect déclaratif. Il s'agit de décrire le problème, mais il n'est pas nécessaire de décrire comment le résoudre. Il existe dans la littérature toute une panoplie d'algorithmes résolvant ces types de problèmes. Sans perte de généralité, ces réseaux de contraintes sont aussi connus sous le nom de problèmes de satisfaction de contraintes (CSP). Ils permettent de représenter, résoudre et optimiser (en cas d'inexistence de solution exacte) un grand nombre de problèmes réels relevant généralement de la planification, la conception, l'attribution de ressources, l'emploi du temps, l'ordonnancement de tâches ou plus généralement les problèmes d'aide à la décision. C'est dans ce cadre que nous avons situé nos travaux. Ils ont été présentés en cinq chapires.

Après quelques généralités décrites dans le chapitre 1, nous avons exposé, dans le chapitre 2, quelques notions sur les techniques des réseaux de contraintes (dit aussi CSP) et présenté deux de ses variantes notamment les CSP Distribués et les CSP Valués. Dans le chapitre 3, nous avons présenté le concept du réseau mobile ad-hoc, décrit ses principales applications, caractéristiques et contraintes. Nous avons rappelé que les ressources des réseaux ad-hoc sans fil, telles que les puissances des batteries, sont limitées et que pour un usage optimal, les utilisateurs doivent recourir à des méthodes algorithmiques afin de réduire au minimum la consommation de ressources. Pour contribuer à ces méthodes algorithmiques, nous avons présenté dans le chapitre 4 un modèle basé sur des techniques des réseaux de contraintes pour formaliser ce problème. Nous avons appelé ce modèle CSPADhoc. Ensuite, nous avons proposé une méthode d'optimisation sous contraintes pour réduire au minimum la consommation de puissance des batteries lors de la transmission des informations d'un dispositif source vers un dispositif de destination. La méthode présentée est basée sur l'adaptation de l'algorithme de recherche de chemin le plus court dans un graphe dit A*. L'algorithme résultant s'appelle MANET-AStar. Nous avons présenté différentes expérimentations illustrant notre approche. Les résultats expérimentaux prouvent que notre approche donne de très bons résultats.

Bibliographie

[1] Cagalj M., J. Hubaux, and C. Enz. "Minimum-energy broadcast in allwireless networks : NP-completeness and distribution issues", in Proceedings of the Mobicom 2002 Conference, Atlanta, GA, September 23- 28, (2002).

[2] Carlos A.S. Oliveira, and Panos M. Pardalos. "A Distributed Optimization Algorithm for Power Control in Wireless Ad Hoc Networks". International Parallel and Distributed Processing Symposium (IPDPS'04) - Workshop 7, (2004).

[3] Corson S., J. Macker, "Mobile Ad-hoc Networking (MANET) : Routing Protocol Performance Issues and Evaluation Considerations", Request for Comments 2501, IETF, January (1999).

[4] Das A. K., R.J. Marks, M. El-Sharkawi, P. Arabshahi, and A. Gray. r-shrink : "A heuristic for improving minimum power broadcast trees in wireless networks". In Proceedings of the IEEE Globecom 2003 Conference, San Francisco, CA, December 1-5, 2003.

[5] Das A. K., Marks RJ, El-Sharkawi M, Arabshani P, Gray A. "Minimum power broadcast trees for wireless networks : integer programming formulations". In Proceedings of the IEEE INFOCOM 2003 Conference, 2003.

[6] Das AK, Marks II RJ, El-Sharkawi M, Arabshahi P, Gray A. "The minimum power broadcast problem in wireless networks : an ant colony system approach". In Proceedings of the IEEE Workshop on Wireless Communications and Networking, 2002.

[7] Gupta P., and P. R. Kumar, "The Capacity of Wireless Networks". In IEEE Transactions on Information Theory, vol. IT-46, no. 2, 388- 404, March (2000).

[8] Hamadi Y., "Traitement des problèmes de satisfaction de contraintes distribués". Thèse de Doctorat, Université Montpellier II, 1999.

[9] $http : //fr.wikipedia.org/wiki/Reseau_ad_hoc$.

[10] Jaffe J. M., "Algorithms for Finding Paths with Multiple Constraints", Networks, 14 : 95 116, (1984).

[11] Jung E. and N. H. Vaidya. "A power control mac protocol for ad hoc networks". In ACM MOBICOM 2002, Atlanta, U.S.A., 2002.

[12] Kawadia V. and P. Kumar. "Power control and clustering in ad hoc networks". In IEEE INFOCOM'03, 2003.

[13] Mackworth A., "Consistency in networks of relations". Artificial Intelligence, vol. 8, pp. 99-118, (1977).

[14] Marks R. J. II, A. K. Das, M. ElSharkawi, P. Arabshahi, and A. Gray. "Minimum power broadcast trees for wireless networks : Optimizing using the viability lemma". In Proceedings of the IEEE International Symposium on Circuits and Systems, 2002.

[15] Markus Jönsson "An optimal pathfinder for vehicles in real-world digital terrain maps". The Department of Numerical Analysis and Computing Science, The Royal Institute of Science, Stockholm, Sweden, (1997).

[16] Meraihi R., "Gestion de la qualité de service et contrôle de topologie dans les réseaux ad-hoc". Thèse de Doctorat, Ecole Nationale Supérieure des Télécommunications, Telecom Paris.

[17] "Mobile Ad-hoc Networks (manet)", http ://www.ietf.org/html.charters/manetcharter.html

[18] Montanari U., "Networks of constraints : Fundamental properties and applications to picture processing". Information Sciences, vol. 7, n° 3, 95-132, (1974).

[19] Montemanni R., L.M. Gambardella. "Exact algorithms for the minimum power symmetric connectivity problem in wireless networks" in Elseivier Journal of Computers & Operations Research, (2005).

[20] Nilsson N. J., "Principles of Artificial Intelligence". Tioga Publishing Company, pp. 72-88, (1980).

[21] Nilsson N. J., "Principles of Artificial Intelligence", Springer Verlag. Berlin, (1982).

[22] Schiex T., "Préférences et incertitudes dans les problèmes de satisfaction de contraintes". Rapport CERT-DERA2 /7899, CERT, Toulouse, France, 1994.

[23] Schiex T., H. Fargier and G. Verfaillie "Valued constraint satisfaction problems : hard and easy problems". In proceedings of IJCAI-95. Montréal, Canada, (1995).

[24] Schiex T., "Possibilistic constraint satisfaction problems or "How to handle soft constraints ?". In Proc. of the 8th Int. Conf. on Uncertainty in Artificial Intelligence (Stanford, CA, July 1992).

[25] Wieselthier J, Nguyen G, Ephremides A., "On the construction of energy-efficient broadcast and multicast trees in wireless networks". In : Proceedings of the IEEE INFOCOM 2000 Conference, 2000. p. 585-94.

[26] Yokoo M., E. H. Durfee, T. Ishida, et K. Kuwabara. "Distributed constraint satisfaction for formalizing distributed problem solving". In 12th Int. Conf. on Distributed Computing Systems. pp. 614-624. 1992.

[27] Yokoo M. and K. Hirayama. "Distributed breakout algorithm for solving distributed constraint satisfaction problems". In Proc. ICMAS-96, pages 401-408, 1996.

[28] Yokoo M., "Distributed Constraint Satisfaction : Foundations of Cooperation in Multi-Agent Systems". Springer Verlag, 2001.

[29] Zhang W., "Modeling and analyzing soft constraint optimization : Ressource allocation as a case study". Technical report WU-CIC Working Note 1, Computational Intelligence Center, Washington University, St Louis, MO 63130, (2001).